AF263390

BANQUET

BIBLIOTHÈQUE ROYALE

PATRIOTIQUE DU MANS.

25 octobre 1840.

Le banquet patriotique que nous avons annoncé a eu lieu dimanche.

La présidence en avait été offerte à M. Garnier-Pagès, député du deuxième collége; mais, dans les circonstances politiques où nous nous trouvons, la veille de l'ouverture des chambres, M. Garnier-Pagès ne pouvait pas, ne devait pas quitter Paris. C'est ce que comprit le comité électoral de la Sarthe, à qui M. Garnier-Pagès expliqua les motifs de son absence dans une lettre où respirent les sentiments les plus nationaux, et que nous regrettons de ne pouvoir reproduire.

Voulant d'ailleurs remplir un vœu hautement manifesté par les patriotes du Mans, le comité de la Sarthe ne renonça pas au banquet projeté, et fit prier M. Michel (de Bourges) de venir occuper la place où M. Garnier-Pagès était empêché de se rendre. M. Michel y consentit et il arriva samedi parmi nous.

Dimanche, à deux heures, la vaste salle de *Monplaisir* ne pouvait contenir tous les citoyens qui s'étaient empressés d'y accourir. Malgré les proportions du local, il n'avait pas été permis aux ordonnateurs du banquet de prévenir les patriotes étrangers à la ville, et même de distribuer des cartes à tous ceux de nos concitoyens qui désiraient s'associer à cette manifestation patriotique. La salle ne devait contenir que 300 convives ; cependant ce nombre fut bien dépassé.

Au milieu du repas, M. COULIN fut invité à chanter quelques couplets qu'il avait faits la veille ; les voici :

La Réforme Électorale.

Lorsque partout des lois électorales
On veut enfin rejeter le fardeau ;
Las de subir leurs ignobles scandales,
Quand chacun rêve un avenir plus beau ,
Nous tous aussi , pleins d'un zèle invincible ,
Nous proférons ce cri réformateur :
Tout citoyen doit être un électeur ;
Chaque électeur un éligible !

Voilà le but qu'une juste exigence
Veut conquérir , car ce n'est pas en vain
Que de ses droits ayant la conscience ,
Le Peuple sait qu'il est seul souverain.
A tous emplois il veut être admissible ,
C'est le prix dû pour son rude labeur.
Tout citoyen doit être un électeur ;
Chaque électeur un éligible !

Demain le Peuple ira dans la bataille,
Fier et joyeux verser son noble sang,
Et du pays , qu'on insulte et qu'on raille ,
Par vingt succès reprendre le haut rang.
Dans le forum , pour sa voix accessible ,
Qu'il trouve encore un autre champ d'honneur !
Tout citoyen doit être un électeur ;
Chaque électeur un éligible !

Devant les lois tous sont égaux...... mensonge !
Au riche seul honneurs , autorité ;
Et c'est un crime au pauvre quand il songe
A réclamer sa part d'égalité...
Vertu , savoir , cœur probe , incorruptible ,
Qu'est-ce devant l'acquit d'un percepteur ?...
Tout citoyen doit être un électeur ;
   Chaque électeur un éligible !

Nos libertés ne seront bien complétes
Que lorsque tous aux lois travailleront ;
Car se soumettre aux lois qu'on n'a pas faites
C'est en esclave au joug livrer son front..
La servitude......, à cette idée horrible,
D'un saint courroux l'on sent frémir son cœur...
Tout citoyen doit être un électeur ;
   Chaque électeur un éligible !;

En te créant , Peuple , Dieu te fit libre..
Qui t'asservit outrage donc les cieux...
D'indépendance en toi que la foi vibre
Et tu rompras des liens odieux...
N'entends-tu pas dans l'avenir paisible
Cent mille voix qui repétent en chœur ?
Tout citoyen peut être un électeur ;
   Chaque électeur un éligible !

A la fin du repas , divers toasts furent portés : nous les reproduisons avec les développements dont on les a fait suivre.

Par M. Lecornué :

   « *A la réforme électorale* !

   « Messieurs ,

» A la réalisation de ce principe, bannière, aujourd'hui, de tous les vrais patriotes !

» A la réforme électorale qui, par des voies pacifiques et sûres , nous conduit légalement au but où tendent nos constants efforts : — La souveraineté du peuple !

» Par la réforme électorale, nous aurons pour représentants des hommes qui reconnaîtront le principe de la souveraineté de la nation , dans toutes ses conséquences, et ne se croiront jamais le droit de l'aliéner ;

» Qui provoqueront le rappel des lois de septembre , de toutes les lois restrictives de la presse , et la réforme de la loi sur le jury ;

» Qui demanderont des lois pour hâter l'émancipation intellectuelle du peuple , et pour organiser le travail et l'industrie , de manière à améliorer les conditions de l'un, et à faciliter le développement de l'autre ;

» Qui repousseront toute loi d'apanage et de dotation , qui grèverait le trésor public ou tendrait à reconstituer une féodalité ;

» Qui voudront réellement la prospérité de la France , son indépendance , sa dignité et sa puissance à l'extérieur ;

» Qui prendront l'engagement solennel de n'accepter pour eux et de ne solliciter pour leurs enfants et leurs parents, aucun emploi salarié ;

» Et enfin , qui adresseront à leurs électeurs, à la fin de chaque session , un compte rendu de leur conduite à la chambre qui , alors , sera nationale.

» Puissent donc tous les patriotes de France , mus par le sentiment de la fraternité et du bien public , se donner franchement et cordialement la main pour marcher ensemble à la réalisation du principe de la réforme électorale et en obtenir toutes les conséquences !

» Messieurs ,

A la réforme électorale !

» Aux honorables patriotes qui ont pris l'initiative de cette manifestation démocratique !

» Au comité central de Paris !

» A tous les comités réformistes de France !

» Aux succès de leurs nobles efforts ! !

Par M. Hauréau :

« Messieurs ,

«Il y a trois mois, une heureuse nouvelle nous a été apportée. La sainte-alliance avait renoué ses trames coupables ; la France , outragée dans la personne de ses représentants officiels , dans ses intérêts et dans son honneur , acceptait avec enthousiasme cette provocation insolente. Il lui tardait depuis si longtemps de guérir les plaies et de venger les hontes de 1815 !

» Patriotes de la Sarthe , vous l'avez entendu ce cri de guerre , qui a retenti de l'une à l'autre extrémité de l'empire ; vous y avez répondu comme il convenait; vous avez appelé de tous vos vœux l'heure des batailles et le châtiment des *rois conjurés.*

» Mais il avait été dit qu'un triple airain fermerait la poitrine de nos hommes d'état à tout sentiment national ; il avait été dit que le gouvernement issu de notre révolution glorieuse devait livrer la France révolutionnaire , pour qu'elle fût traînée aux gémonies de l'Europe monarchique. Vous l'avez vu , Messieurs, ce ministère inauguré sous les auspices de la gauche libérale, vous l'avez vu d'abord tremblant , puis fanfaron , puis encore pâlissant d'effroi , faire aux conjurés de Londres toutes les concessions exigées par leur bon plaisir; vous l'avez vu supplier , en des termes qui ont révolté la fierté française , les perfides trafiquants de notre honte et sacrifier à des injonctions de jour en jour plus impérieuses les engagements les plus cauteleux et les plus timides ; vous le voyez enfin , à bout de bassesses , congédié par la Couronne , et cela , parce qu'il n'a pu trouver , dans les ressources de son esprit facile , un moyen d'ajouter encore à notre ignominie !

» Patriotes de la Sarthe , protestons , protestons avec énergie contre ce lâche désaveu des traditions françaises. Dans la question qui est aujourd'hui pendante , il ne s'agit pas d'une affaire de parti ; ce qui en est cause , c'est le pays, c'est la France. Soyons tous unis pour proclamer qu'en ne répondant pas par une déclaration de guerre aux outrageuses conventions du 15 juillet , le gouvernement n'a pas fait ce que lui imposaient ses devoirs envers la France ; je dis mieux, proclamons que si dans les circonstances où les alliés nous ont placés, la chambre élective voulait le maintien de la paix , elle se rendrait complice d'une trahison véritable.

» Messieurs,

» Je vous propose de porter un toast : « *A la guerre!* La guerre est la dernière raison des peuples : la guerre seule peut replacer la France en des conditions où elle n'ait pas à rougir d'elle-même ».

Par M. VEILLARD :

« *Au capitaine Regnard !*

» Commandant la corvette la *Brillante* ; à son noble dévouement, car lui seul a su faire respecter le pavillon français sous les murs de Beyruth ; *Au capitaine Regnard !* car il a prouvé que tous les Français ne sont pas solidaires des lâchetés du gouvernement. »

Par M. MARTIN :

« *A la souveraineté du Peuple !*

» Messieurs,

» Ce n'est pas une parole nouvelle que je prononce devant vous : le droit divin du peuple n'a pas manqué, depuis un siècle, d'éloquents interprètes, et d'ailleurs mettre aujourd'hui ce principe en question, ce serait vouloir disputer contre la raison même, car toutes les consciences le proclament.

» Mais les idées les plus saines ne sont pas toujours celles dont l'application est contrariée par le moins d'obstacles ; vous savez tous, Messieurs, combien nous avons encore à faire pour constituer la nation dans l'exercice de tous ses droits. Je vous propose donc un toast au succès de nos efforts, à la réussite prochaine de notre propagande.

» *A la souveraineté du Peuple*, la vraie, la seule légitimité !

Par M. Tousch :

« *A l'armée Nationale !*

» Messieurs,

» Dans la paix, nous demandons le concours de tous les citoyens à l'exercice de la souveraineté; dans la guerre, nous demandons le concours de tous les citoyens à la défense de la patrie.

» Devant les périls qui menaçent le pays, écartons, Messieurs, écartons de tristes souvenirs, oublions et nos griefs et nos ressentiments, et appelons de tous nos vœux la grande union de tous les fils de la France !

» Je vous propose, Messieurs, un toast à *l'Armée Nationale;* à la mémoire de ces quatorze armées qui donnèrent une si rude.leçon aux confédérés de Pilnitz; à la gloire militaire de la France, qui est la gloire du peuple !

Par M. Harrouard-Desaint :

« Messieurs,

» La trafic des consciences se fait à notre époque avec une telle effronterie, qu'il ne peut être hors de son lieu, dans cette réunion, de flétrir énergiquement les hommes qui ont tenu école de corruption.

» Les professeurs de cette doctrine ne sont autres, Messieurs, que les chefs responsables de l'état: ce sont eux qui ont donné l'exemple de la cupidité la plus effrénée, et ils ont à tel point dégradé l'esprit public que l'immoralité et la dépravation marchent aujourd'hui tête levée, et que la qua lification d'honnête homme est presque injurieuse.

» Cela certes doit être profondément déploré et c'est à nous surtout, Messieurs, qu'il appartient d'élever la voix contre cette débauche des mœurs, à nous qui avons inscrit sur notre bannière « travail et probité. »

« Je vous propose donc un toast ainsi conçu : *A l'ordre moral, à la probité politique.* »

Par M. Courtois :

» Messieurs,

» Le plus imprescriptible de nos droits, la liberté de la presse, vient d'être violemment attaquée. Il y a deux jours à peine, un illustre écrivain, des publicistes distingués, étaient en but aux violences des hommes de la police. Vous le savez, on n'a rien épargné : secrets de famille, correspondances intimes, tout a été souillé par des mains impures. Un journal, se constituant le pourvoyeur de cette nouvelle inquisition, a même signalé aux poursuites des parquets l'organe démocratique de la Sarthe. Un pouvoir expirant, semble vouloir, dans sa fureur aveugle, ressusciter un système de persécutions qu'on croyait abandonné pour toujours. Au milieu de ces circonstances, il convient sans doute d'élever la voix pour la liberté de la presse.

» *A la liberté de la presse!* Messieurs, à la presse indépendante! Ce n'est pas à vous, patriotes de la Sarthe, qu'il faut rappeler les grands services que la presse démocratique a rendus au pays. Si, parmi tous, notre département est fier de marcher à la tête du progrès, nous en devons bien quelque reconnaissance à la presse démocratique de la Sarthe.

» Le *Courrier de la Sarthe*, Messieurs, exerça toujours une immense influence sur l'esprit du pays, et c'est ici le lieu de rendre un hommage éclatant au talent remarquable, aux convictions profondes de l'écrivain qui rédige cette feuille. Quel que soit l'avenir, vous ne souffrirez pas qu'elle périsse !

» A la *Liberté de la presse, A la presse démocratique* !
Si la presse n'est plus libre, Messieurs, la voix du
peuple reste impuissante; c'est en vain qu'il veut
protester contre la violence, l'oppression et la trahison. Le pouvoir, débarrassé du frein qui l'arrête,
se croit tout permis, il peut tout oser. Si la presse
n'est plus libre, qui donc démasquera à la face
du pays les lâches et les traîtres? Qui donc ap-
prendra au peuple et ses droits et ses libertés?
Rallions-nous autour de la presse, Messieurs;
que sa voix puissante nous anime, que ces accents généreux nous appellent aux armes pour
venger l'honneur et défendre les intérêts de la
patrie ! »

Par M. Dumay :

» *Au peuple* !

» Puisse-t-il bientôt sortir de son sein une ma-
jorité énergique autant qu'incorruptible, qui,
ayant la conscience de la volonté nationale, gui-
dera ce peuple généreux dans les voies de l'honneur, de la justice et de l'humanité ! »

A la suite de ces toasts, qui ont été applaudis
par tous les convives, M. Michel (de Bourges)
a pris la parole et s'est exprimé à peu près en ces
termes :

« Messieurs,

» Si j'avais suivi l'impulsion de mon cœur, j'aurais réclamé l'honneur de parler le premier dans
cette réunion. C'était un sentiment impérieux
pour moi que celui de vous témoigner ma reconnaissance, non pour cette présidence, stérile honneur auprès de vous, (il n'y a parmi nous, ni
premier, ni dernier); mais pour le bonheur que
vous me faites éprouver en m'associant à cette
manifestation patriotique. A l'appel de votre comité électoral, je suis venu; je suis venu, car je
savais devoir me trouver ici dans une ville re-
nommée par son civisme; car je vous connaissais,
Messieurs, depuis long-temps; je savais qu'à une

BIBLIOTHEQUE ROYALE

époque dont l'énergie fait pâlir la nôtre, vos pères avaient combattu vaillamment pour la liberté , je me rappelais les suffrages intelligents de la Sarthe qui envoyèrent à la chambre élective cette série d'illustres législateurs, au nombre desquels j'aime à compter le représentant actuel de votre deuxième collège , l'un des plus constants, des plus habiles, des plus éloquents défenseurs de la cause populaire. (*Vifs applaudissements.*)

» Et maintenant que je me suis assis à ce banquet civique, au milieu de ces vieillards dont j'occupe si mal à propos la place, au milieu de cette jeunesse dont la poitrine s'est soulevée au récit des douleurs de la patrie, maintenant que j'ai entendu les belles paroles qui retentissent encore dans cette enceinte , maintenant , Messieurs , mon bonheur s'est accru , et j'éprouve plus vivement encore le besoin de vous remercier. (*Applaudissements.*)

» Ici peut-être devrait se terminer mon discours ; vous avez épuisé la matière , et cependant quelque chose me dit que je ne serais satisfait qu'à moitié, si je ne mêlais me voix à celle des citoyens que vous venez d'entendre. C'est qu'en effet nous sommes arrivés à une époque où l'on ne saurait trop répéter les mêmes choses. Quand, sur les rives de l'Euphrate, les Juifs exilés se consolaient de leurs tristesses nationales en célébrant leurs exploits passés , en invoquant un heureux avenir, croyez-vous qu'ils disaient tous les jours des chants nouveaux ? Non , Messieurs : au lever de chaque aurore , ils venaient s'asseoir au pied de la ville étrangère, et sur le même rythme, ils se parlaient entr'eux , et toujours et sans cesse, des ondes du Jourdain , des cèdres du Liban , des traditions de la Palestine , de ses revers et de leur espoir ! C'est ainsi que nous , exilés au sein même de la patrie , nous aimons à nous entretenir des mêmes pensées , à redire les mêmes plaintes, à exprimer les mêmes pressentiments , à nous reporter sans cesse vers l'époque héroïque où apparurent tant de géants, pour rougir de honte en présence des pygmées qui ont la présomption de conduire la nôtre. (*Applaudissements unanimes.*) Et nous aussi, dans les regrets du passé, nous puisons des espérances pour l'avenir ! Oui , nous sommes encore la grande nation , et quoi qu'on fasse , nous resterons la grande nation. Tout le monde le proclame; et ceux qui parlent le disent, et ceux qui ne parlent pas le disent encore ! (*Vif assentiment.*) Voyez comme ils tremblent , lorsque nous leur rappelons notre passé glorieux ! voyez comme les accents civiques de la *Marseillaise* troublent leur sommeil inquiet. Et qui sontils donc ceux qui blasphèment contre notre histoire ; ceux qui ont osé , dans leur terreur aveugle , dire que la *Marseillaise* a été complice de l'assassinat? quand, pour la première fois, la France se leva , dans un transport sublime , au refrain de ce chant sacré , leurs pères portaient encore au front le stigmate de la servitude ! Et ces fils d'affranchis, ces parvenus d'hier, ont voulu se poser à leur tour comme les *maîtres de nos destinées* ! (*Vive sensation.*)

» Messieurs, les circonstances sont solennelles : si nous ne relevons pas la tête pour parler un langage haut et ferme, nous deviendrons , nous, les complices de ceux qui ont osé écrire que les traités de 1815 étaient des traités glorieux. Et prenons-y garde, Messieurs, c'est en acceptant ainsi tous les faits accomplis que lentement et paisiblement on descend dans l'abîme de la servitude. On se croit libre encore, on s'entretient dans ce doux rêve , et, quand on se réveille , on s'aperçoit trop tard qu'il n'y a plus de liberté , plus de nation.

» Oui, il faut parler sans cesse et de notre gloire et de notre honte. Laissons au discours de la couronne les aménités de langage, en réponse aux insolences de Palmerston ; laissons aux faiseurs de protocoles le soin de rajuster avec des délicatesses de style les lambeaux de notre drapeau national déchiré par le canon de Beyruth. Mais nous, faisons entendre un langage énergique , ou plutôt pleurons l'impuissance de nos paroles : car enfin, en 1792, on chantait la *Marseillaise*, mais, à la frontière, le bruit du canon portait aux extrémisés du monde le refrain de l'hymne national. Qu'est-ce-à-dire ? Sommes-nous dégénérés, Messieurs ? cette jeunesse ne vaut-elle pas celle de nos pères? Non, jamais je ne consentirai à proférer ce blasphème. Mais entre l'autre époque et celle-ci, il y a cette différence, qu'alors le pays absorbait les factions et qu'aujourd'hui les factions absorbent le pays.

» Que s'agit-il de faire, Messieurs, pour rendre la nation digne d'elle-même ? il faut la reconstituer, il faut recourir aux grands principes de 1789. Et comprenons-nous bien : je ne veux pas vous parler de faire une révolution nouvelle : non, Messieurs, ne faisons pas de révolution nouvelle, mais achevons celle qu'ont faite nos pères. Oh ! qu'ils s'entendaient admirablement dans cette besogne, nos laborieux précurseurs ! Un jour, ils émancipèrent l'homme ! Eh bien, que nous reste-t-il à faire pour achever leur ouvrage? il nous reste à donner à l'homme sa dignité de citoyen ! Voilà toute la réforme électorale ! (*Applaudissements unanimes.*)

» J'aurais voulu pouvoir borner là mes paroles. Vous le savez, Messieurs, partout où j'ai eu l'occasion de m'exprimer, ma voix a été pacifique, modérée, car la force cesse d'être elle-même quand elle se sépare de la modération. Mais, en quelques jours, il s'est fait un grand changement dans les esprits et dans les choses. Comment serions-nous aujourd'hui modérés dans notre force ? le gouvernement est-il modéré dans ses concessions? Quoi! en 1840, un ministère aura osé proclamer qu'il n'y a de salut pour notre France que dans l'alliance des habits bleus avec les habits rouges ! il aura osé dire que le salut de Rome est dans l'amitié de Carthage ! il aura dit qu'il faut accepter avec une religieuse fidélité les traités de 1815 ! Et nous ne profiterions pas de l'occasion qui nous est offerte de protester contre ces étranges maximes ! Ah ! Messieurs, savez-vous bien ce que sont ces infâmes traités de 1815?

» La France avait porté sa gloire aux extrémités du monde; elle avait gouverné l'Europe pendant 14 années; elle s'était rendue puissante par les seules alliances qui lui conviennent, les alliances avec les peuples libres. Mais, après les jours de gloire, vinrent les jours de revers... Messieurs, je ne veux pas outrager les cendres auxquelles on prépare un hommage solennel, mais, il faut bien le dire, la liberté fut méconnue, et la liberté se venge toujours de ceux qui la méconnaissent. Alors, vinrent les disgrâces et les désastres; alors, se forma la sainte alliance des rois : on vit accourir, dans un congrès fameux, Nesselrode, Metternich, Wellington, et qui de plus, Messieurs? Talleyran. Ils firent entre enx l'énumération de nos forces, et savez-vous quel était notre bilan ? par conquête ou par alliance nous avions étendu notre empire sur quarante millions d'hommes ! et que firent-ils de ce peuple immense, nos magnanimes alliés ? Ils se le partagèrent comme le bétail d'une métairie, ils s'adjugèrent ce vaste domaine sans consulter les peuples. Et à la France que lui donna-t-on? une couronne de forteresses sous la tutelle de Wellington, devenu maréchal de France ! Ce pays qui s'étendait des flots d'azur de la Méditérannée aux vertes rives du Rhin, ils le reserrèrent dans une étroite limite, non pas la limite de 1792 mais la limite du 1ᵉʳ janvier 1790. Et ces glorieuses alluvions que le torrent de la révolution et de l'empire avait incorporées à notre territoire, ils les en détachèrent violemment. Et voilà ce qu'on veut que vous proclamiez glorieux ! — Pour moi que ma langue s'attache à mon palais et que je sois maudit, si jamais il s'échappe de ma bouche un mot en faveur de ces ignominieux traités. (*Sensation prolongée.*)

» Eh bien ! voilà précisément où nous en sommes. Depuis 1830, c'est l'esprit du congrès de Vienne qui a présidé au maintien de ces traités ; c'est Talleyrand qui a conduit notre politique, et quand, à la veille de descendre dans la tombe, il voulut léguer à ses élèves une dernière leçon. on les vit le porter pieusement au seuil de l'Institut et recueillir les sons qui s'échappaient de sa bouche flétrie, comme les accents d'un divin oracle ! et vous savez, Messieurs, s'il a laissé des élèves dignes de lui ! (*Applaudissements.*) L'esprit de ces traités, dis-je, vit encore : Palmerston n'est que Castelreagh ressuscité : whigs et tories, croyez-moi bien, sont également ennemis de la France : quiconque ne comprend pas cela est un ignorant ou un fourbe. (*Sensation.*)

» A cette déplorable situation il faut, Messieurs, trouver un remède et ce remède le voici. Appelez la nation, demandez-lui ce qu'elle sent, ce qu'elle veut. Si demain on pouvait consulter le pays, si l'on mettait au voix la question de la paix où de la guerre, se trouverait-il un seul homme qui osât voter pour la paix ! et cependant, Messieurs, rien ne nous dit que la chambre, produit du monopole électoral, se prononce pour la guerre... Cela ne suffit-il pas pour nous faire proclamer la nécessité de la réforme électorale ?

» Invoquons cette réforme, invoquons-la sans relâche. Point de découragement : de la fermeté, de l'habileté, et, je vous le répète, ne nous pressons pas trop, la carrière est longue ; si ce n'est nous, nos enfants profiteront de nos efforts et recueilleront la liberté pour héritage : laissez à l'épi le temps de mûrir, mais veillez sur lui avec une diligente prévoyance, et ne quittez pas la faucille avant que la moisson soit faite.

» Encore une fois, soyez patients, soyez prudents ; ne sortez pas du cercle où vos pères s'étaient renfermés, n'abandonnez pas surtout la question politique, pour vous égarer en des rêveries dangereuses et frivoles ! Après le travail viendra le repos; après les temps d'épreuves, les temps de paix et de calme. Et, pour moi, si avant de tomber sur la terre humide , je vois restituer à l'homme sa dignité de citoyen, je dirai : « Mon Dieu! je meurs content, ma tâche est remplie! »

Cette reproduction pâle et incomplète du discours de M. Michel (de Bourges) ne saurait donner une idée de l'effet qu'il a produit, aux citoyens qui n'assistaient pas à la réunion de dimanche. L'émotion était universelle ; les énergiques accents de l'orateur retentissaient dans toutes les âmes ! M. Hauréau, se tournant alors vers lui, a proposé le toast suivant :

« Messieurs,

» Avant de nous séparer, nous devons un hommage solennel de notre reconnaissance au patriote éloquent qui a bien voulu venir, à l'appel de notre comité électoral, présider cette réunion.

» Je propose donc un toast à *M. Michel (de Bourges)*, au soldat devenu tribun, à l'intrépide défenseur des libertés publiques, au démocrate tant de fois éprouvé que nous avons aujourd'hui l'honneur de compter parmi nous. »

La *Marseillaise* a été ensuite chantée par un des convives : toutes les voix se sont unies pour répéter le refrain. Puis, l'assemblée s'est séparée en silence.

L'ordre le plus parfait n'a cessé de régner dans cette réunion patriotique : un sentimemt dominait tous les convives, le sentiment des graves périls où se trouve la patrie : un noble enthousiasme emplissait tous les cœurs !

Au Mans , imprimerie de CH. RICHELET , rue de la Paille.

393

www.ingramcontent.com/pod-product-compliance
Lightning Source LLC
Chambersburg PA
CBHW050737070726
47597CB00009B/3963